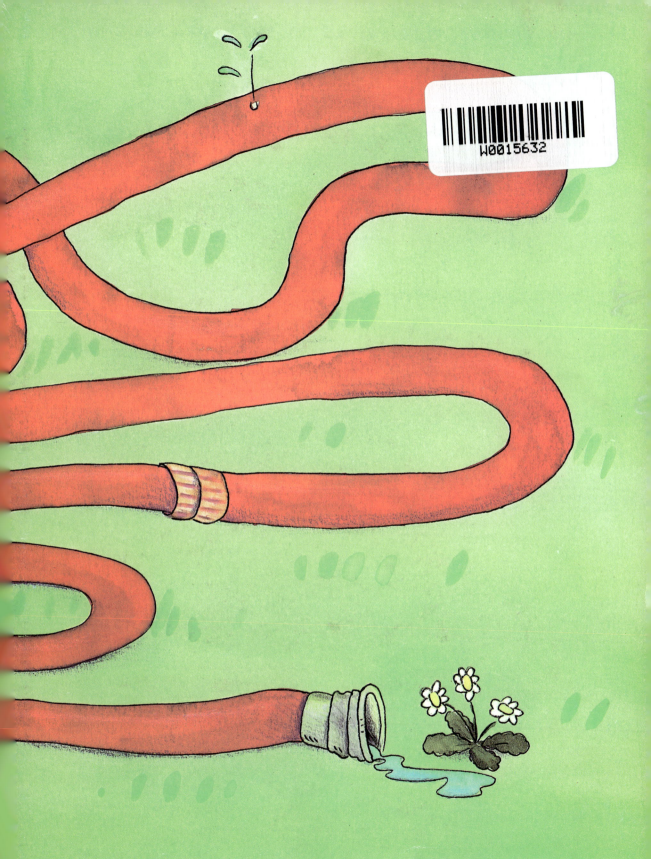

Katja Reider

Feuerwehrgeschichten

Illustriert von Dorothea Tust

Die Deutsche Bibliothek – CIP-Einheitsaufnahme

Kleine Lesetiger-Feuerwehrgeschichten / Katja Reider.
Ill. von Dorothea Tust. – Bindlach : Loewe, 2001
(Lesetiger)
ISBN 3-7855-3972-X

Der Umwelt zuliebe ist dieses Buch auf chlorfrei gebleichtem Papier gedruckt.

ISBN 3-7855-3972-X – 1. Auflage 2001
© 2001 Loewe Verlag GmbH, Bindlach
Umschlagillustration: Dorothea Tust
Reihengestaltung: Angelika Stubner
Redaktion: Rebecca Schmalz
Herstellung: Heike Piotrowsky
Gesamtherstellung: L.E.G.O. S.P.A., Vicenza
Printed in Italy

www.loewe-verlag.de

Inhalt

Falscher Alarm 8

Die Schule brennt 15

Die Riesenschlange 26

Ein echter Feuerwehrmann . . 34

Falscher Alarm

Heute hat Feuerwehrmann Freddy Flamme frei. Er freut sich: Endlich kann er mal richtig faulenzen!

Freddy macht es sich in seinem Liegestuhl bequem und liest Feuerwehr-Geschichten.

Aber bald fallen Freddy die Augen zu,
und er träumt von seinen Heldentaten.

Plötzlich steigt Freddy ein vertrauter
Geruch in die Nase. Er schnuppert.
Das ist doch ...

... Rauch! Also brennt es irgendwo!
Freddy springt auf und schaut sich um.

Tatsächlich: Aus dem Garten nebenan steigt Rauch auf!

Freddy Flamme greift nach dem Gartenschlauch und zielt über die Hecke. „Wasser marsch!", ruft er und spritzt los.

Da hört Freddy laute Rufe:
„Aufhören, sofort aufhören!"
Nanu, ist der Brand schon gelöscht?!

Freddy stellt das Wasser ab
und lugt über die Hecke.

Da steht sein Nachbar Franz.
Er ist pudelnass und sieht
furchtbar wütend aus.

Grimmig deutet Franz auf den Grill,
auf dem fünf Würstchen schwimmen.
„Du hast mein Abendessen gelöscht!"

„Oje", seufzt Freddy. „Ich mache es wieder gut, ja? – Komm rüber, ich lade dich zum Abendessen ein."

„Was gibt es denn?", fragt Franz.
„Feuertopf!", strahlt Freddy Flamme.

Die Schule brennt

„Du, Jonas, wir können am Sonntag doch nicht zum Fußball", sagt Feuerwehrmann Max. „Ich habe Dienst."

Jonas schmollt: „Andere Papas haben sonntags frei. Nur du nicht!" Jonas springt auf und rennt wütend raus.

Traurig radelt Max zur Feuerwache.
Er streitet nicht gern mit Jonas.

In der Wache ist alles ruhig.
„Wie ist es mit einer Runde Skat?",
fragt Kollege Stefan.

In diesem Moment schrillt die Alarmglocke: „Achtung! Einsatz für den Löschzug."

Alle springen auf. Das Kartenspiel fällt zu Boden. Jetzt geht es um Sekunden!

An Stangen sausen die Männer
hinunter in die Fahrzeughalle.

Kaum sitzen sie in den Wagen, fliegen
schon die Tore auf. – Los geht's!

Tatütata – mit Blaulicht und Martinshorn rast der Löschzug durch die Straßen.

Alle Autos fahren zur Seite.
Die Feuerwehr hat Vorfahrt.

„Achtung! Genauer Einsatzort: Brahmsweg 8. Anfahrt über die Sengelstraße", gibt die Zentrale durch.

Max stutzt: „Brahmsweg 8? Das ist doch Jonas' Schule!"

Schon fährt der Löschzug auf den Schulhof.

Die Schulkinder stehen hinter einer Absperrung. Ein Junge winkt. „Papa, Papa! Hier bin ich!" Max atmet auf: Jonas ist in Sicherheit!

Aus der Turnhalle quillt dichter Rauch.

Eine Frau ruft: „Da ist der Hausmeister noch drin!"

Mit Atemschutzgeräten stürmen Max und Stefan in das Gebäude.

„Vermisste Person gefunden", meldet Max. Stefan bringt den Hausmeister in Sicherheit.

Max und die anderen löschen das Feuer. Endlich ist es geschafft!

Puh! Max nimmt die Schutzmaske ab und holt tief Luft.

„Ist doch gut, dass du Feuerwehrmann geworden bist", sagt plötzlich jemand hinter ihm.

Max dreht sich um und gibt Jonas einen dicken Kuss.

Die Riesenschlange

„Im Zirkus ist eine Schlange entwischt",
sagt der Einsatzleiter. „Wer kommt mit?"

„Mit Schlangen kenne ich mich aus",
sagt Paul eifrig. Schon braust der
Einsatzwagen los.

Im Zirkus herrscht helle Aufregung.

„Wir haben das Zelt und alle Wohnwagen durchsucht", meldet der Direktor. „Keine Spur von Anastasia!"

Die Feuerwehrleute durchkämmen das Gelände. Langsam. Meter für Meter. Schritt für Schritt.

„Da!", ruft Paul plötzlich. „Da ist sie!"

„Wir holen besser den Tierpfleger",
sagt Pauls Kollege Willy.

Aber Paul springt auf die Schlange zu.
Er packt sie blitzschnell hinter dem
Kopf und trägt sie zum Käfig. –
Geschafft!

Die Artisten klatschen Beifall.
Der Direktor verteilt Freikarten für
die Vorstellung.

Und die Clowns schlagen
Purzelbäume.

Auf der Heimfahrt sagt Willy: „Warum hast du die Schlange selbst gefangen, Paul? Das war doch viel zu gefährlich!"

Paul grinst. „Ach was! Ich war gestern auch in der Vorstellung. Anastasia ist sanft wie ein Lamm. Sie ist nämlich im Zirkus aufgewachsen!"

Jetzt grinst Willy: „Der Zirkus hat zwei Schlangen, Paul. Gestern hast du Anatevka gesehen, nicht Anastasia!"

„Du meinst ...?" Paul wird ganz blass.

Willy nickt: „Anastasia ist ganz neu im Zirkus. Sie ist überhaupt noch nicht dressiert!"

Nanu, wird Paul etwa ohnmächtig?

Ein echter Feuerwehrmann

„Wer kommt mit zum Feuerwehrfest?",
ruft Jens und stürmt los.

Philipp, Lara und der kleine Bastian
rennen hinterher. Das Feuerwehrfest
will keiner verpassen.

Die Kinder schauen sich begeistert um.
„Was machen wir zuerst?", fragt
Philipp die anderen Kinder.

„Ich fahre auf dem alten
Feuerwehrauto mit!", ruft Lara. Mit
„Tatütata" geht es rund um den Platz.

Die Jungen sehen sich Werkzeuge, Schutzmasken und Uniformen an.

Bastian probiert einen Helm auf und sagt: „Ich will später Feuerwehrmann werden. Ihr auch?"

Philipp und Jens prusten. „Der Kleine will zur Feuerwehr!? Da lachen ja die Hühner!"

Bastian kriegt einen roten Kopf.
Schnell legt er den Helm zurück.

Lara und Jens stellen sich beim Wettspritzen an. Puh, der Schlauch ist ganz schön schwer!

Lara trifft genau ins Ziel. „Möchtest du auch mal?", fragt sie Bastian. Aber der schüttelt den Kopf: „Lieber nicht!"

Da zeigt Feuerwehrmann Fritz auf die große Drehleiter mit dem Korb. „Wer will die Welt von oben sehen?", fragt er.

„Wir!" – Schon stehen Philipp und Jens im Korb. Hui, jetzt geht es hoch hinauf!

Nanu! Da fährt die Drehleiter ja schon wieder runter. Philipp ist kreidebleich, und Jens stottert: „Mir ist schwindelig!"

„Das geht vielen so", tröstet der Feuerwehrmann lächelnd.

Da ruft Bastian: „Darf ich mal?" –
Na klar!

Der Korb mit Bastian und Fritz steigt in
die Höhe. Bis ganz nach oben.

Hui, wie hier der Wind pfeift! Aber Bastian lacht und winkt stolz hinunter.

Die Höhe macht ihm nichts aus.

„Prima!", lobt Fritz. „Du bist schwindelfrei
wie ein echter Feuerwehrmann! –
Kommst du später zu uns?"

„Logo!", sagt Bastian und strahlt
mit der Sonne um die Wette.

Katja Reider, Jahrgang 1960, hat Germanistik und Kommunikationswissenschaften studiert. Bis zur Geburt ihres Sohnes arbeitete sie als Pressesprecherin des Wettbewerbes „Jugend forscht". Während eines verregneten Sylt-Urlaubes entstand ihr erstes Bilderbuch – inzwischen hat sie viele weitere Kinderbücher veröffentlicht und eine kleine Tochter bekommen.

Dorothea Tust, 1956 geboren, studierte Grafik-Design mit dem Schwerpunkt Illustration. Seit 1980 ist sie freiberuflich als Illustratorin für verschiedene Verlage tätig. Sie arbeitet außerdem an Trickfilmprojekten und hat schon über 50 Bilder- geschichten für „Die Sendung mit der Maus" gemacht.

Erster Leseerfolg

  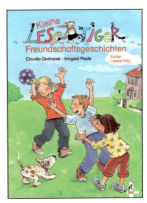

Kleine Bildergeschichten  **zum ersten Lesen**